青少年运动技能等级标准与测试方法丛书

青少年跆拳道
运动技能等级标准与测试方法

全国青少年运动技能等级标准研制组　组编

科学出版社
北京

内 容 简 介

本书介绍了青少年跆拳道运动技能等级标准与测试方法，主要内容包括测试场地、器材、设备及人员配备要求，测试的总体要求，各等级测试科目，一～九级测试方法，各级测试中规定了该级测试的科目、方法与要求，并对测试过程中的动作要点辅以图示及说明。

本书可供国家及各级教育主管部门，体育主管部门，各级体育协会，体育院校及中小学校，社会性体育培训组织及体育俱乐部等相关人员参考使用。

图书在版编目（CIP）数据

青少年跆拳道运动技能等级标准与测试方法 / 全国青少年运动技能等级标准研制组组编. — 北京：科学出版社，2022.11

（青少年运动技能等级标准与测试方法丛书）

ISBN 978-7-03-073620-8

Ⅰ. ①青… Ⅱ. ①全… Ⅲ. ①跆拳道–称号等级（体育）–标准 ②跆拳道–称号等级（体育）–测试方法 Ⅳ. ①G886.9

中国版本图书馆 CIP 数据核字（2022）第 199151 号

责任编辑：张佳仪 / 责任校对：谭宏宇
责任印制：黄晓鸣 / 封面设计：殷 靓

科学出版社 出版
北京东黄城根北街 16 号
邮政编码：100717
http://www.sciencep.com

苏州市越洋印刷有限公司印刷
科学出版社发行 各地新华书店经销

*

2022 年 11 月第 一 版　开本：B5（720×1000）
2022 年 11 月第一次印刷　印张：7 1/4
字数：115 000
定价：70.00 元
（如有印装质量问题，我社负责调换）

"青少年运动技能等级标准与测试方法"丛书编辑委员会

主　编

陈佩杰　唐　炎

副主编

蔡玉军　丁　力

编　委

（按姓氏笔画排序）

丁海勇	马古兰丹姆	马吉光	王健清	卢志泉	史芙英	朱　东
朱江华	刘东宁	刘善德	李　菁	李玉章	李博文	李赟涛
杨小凤	陈旭晖	陈周业	罗晓洁	金银日	郑鹭宾	项贤林
施之皓	姜嵘嵘	骆　寅	袁　勇	唐　军	黄　卫	黄文文
董众鸣	韩春英	韩耀刚	谭晓缨	戴国斌		

"青少年运动技能等级标准与测试方法"丛书专家指导委员会

（按姓氏笔画排序）

王培锟　叶玮玮　吉　宏　孙麒麟　吴　瑛　邱丕相　何志林
余丽桥　邵　斌　孟范生　梁文冲　虞定海　戴金彪

《青少年跆拳道运动技能等级标准与测试方法》编辑委员会

主 编

陈佩杰　唐　炎

副主编

蔡玉军　丁　力

执行主编

侯盛明　李玉清　章　宇

编 委

（按姓氏笔画排序）

牛小龙　李祥亮　杨广垒　汪　旭　张　岩
张　亮　陆宇榕　秦晓亮　徐　磊　徐晓东
黄　晓　黄文涛　焦长庚

第二版丛书序

2018年4月，我国第一套涵盖11个运动项目的"青少年运动技能等级标准与测试方法"（以下简称"标准"）面向社会公开发布。同期，"标准"丛书由科学出版社正式出版。"标准"自问世以来，得到了教育部、国家体育总局、上海市教委、全国体育行业职业教育教学指导委员会，以及相关运动项目协会的高度肯定和大力支持，对推动青少年体育的发展起到了积极的作用。

截至目前，全国已有16个省（自治区、直辖市）的9000余名体育工作者接受了"标准"考评员培训，已有27个省（自治区、直辖市）的300余家社会机构组织开展了"青少年运动技能等级标准"测评，参加社会化测试的青少年人数近万人，有力推动社会力量对青少年体育发展做出贡献。上海市中小学校自2018年将"标准"作为推进学校体育工作的重要抓手，全面开展针对青少年学生的运动技能等级测试以来，到2019年底共测试中小学生超过10万人，测试结果对深入了解青少年学生运动技能掌握的实情、发现体育教学中存在的问题提供了有力参考。同时，针对体操、高尔夫球、羽毛球等项目，创新性地开展了比赛与测试相结合的标准等级赛，极大地激发了青少年参与比赛的热情，丰富了比赛的内涵，提升了青少年参与比赛的获得感，产生了良好的社会效益。

2018年12月，"标准"丛书获得了第27届上海市中小学、幼儿园优秀图书评选活动二等奖。2019年4月，"标准"丛书被列入上海市中小学、幼儿园图书馆（室）图书配置推荐目录。"标准"部分内容也在2019年被上海市初中教材《体育与健身》采纳，正式作为上海市初中生的体育课程学习内容。

"标准"在国内得到多方认可的同时，也受到了国际同行的关注。2019年4月出版的《青少年软式曲棍球运动技能等级标准与测试方法（中英文版）》得到了国际软式曲棍球联合会和亚洲大洋洲软式曲棍球联合会的认证，成为该项目的国际标准。这为"标准"在世界范围内的传播开了先河，彰显了我国青少年体育发展成果的国际影响力。

首批11个运动项目的"标准"出版后，引起了广大体育同行对青少年体育技能发展问题的关注，并积极投入到新"标准"的研制工作中。到目

第二版丛书序

前为止，上海体育学院、成都体育学院、沈阳体育学院、哈尔滨体育学院、南京体育学院、宁波大学、上海理工大学、东华大学等单位积极支持科研人员参与到新"标准"的研制中，先后正式出版了软式曲棍球、健美操、体育舞蹈、艺术体操、空竹、跳绳6个项目的"标准"用书。此外，攀岩、轮滑等10余个新兴和时尚运动项目也已纳入了研制和出版计划。

在首批"标准"的推广应用过程中，部分专家学者及广大使用者对进一步完善"标准"提出了非常宝贵的意见。研制组在对这些意见进行认真梳理和广泛讨论的基础上，决定开展对首批"标准"的完善和升级工作。经过近1年的努力，率先完成了足球、篮球、排球、羽毛球和高尔夫球5个项目的"标准"（第二版）工作。"标准"（第二版）主要有以下一些变化。

一是标齐等级难度。各项目研制组在基于前期测试的基础上，结合专家意见，尽可能标齐了不同项目同一等级的难度，增强了"标准"等级之间的可比性。

二是采用百分制。每一等级测试均采用百分制，提高了"标准"同一等级内的区分度，为中小学校利用"标准"开展学生体育学业评价提供方便。

三是提升测试效率。对部分之前测试较烦琐、耗时较长的科目进行了改进，简化了测试流程，增强了测试简便性，提升了测试效率。

四是提高严谨性。对各项目标准中存在的错误进行修订，对部分测试指标进行调整，并对第一版中的文字、图片和视频进一步完善。

在"标准"投入应用后，广大中小学体育教师、社会体育俱乐部教练对于如何指导青少年学练"标准"各等级测试动作产生了强烈需求。为此，各项目研制组针对各级测试的动作技术关键、易犯错误、教学步骤及学练方法等内容开展了教学指导用书的编写工作，以期"标准"能更好地为青少年体育实践服务。此外，各项目"标准"研制组积极开展人工智能测试工具的研发，为实现全程自动化测试奠定了基础。

不忘初心，方有正确航向。千锤百炼，才能永葆生机。希望通过不断的修订，能够提升"标准"的质量，打造出精品，为青少年的体育发展提供不竭动力。当然，由于研制者学识、能力和水平有限，"标准"丛书可能存在疏漏和不足之处，恳请各项目专家学者和实践应用者提出宝贵意见，以供进一步完善。

陈佩杰　唐炎

2020年4月15日

第一版丛书序

2017年11月，国家体育总局、教育部、中央文明办、国家发改委、民政部、财政部和共青团中央7部门联合制定出台了《青少年体育活动促进计划》，明确提出"研究建立青少年运动技能等级评定标准"，并要求"各级教育部门应将运动技能等级纳入学生综合素质评价体系"。运动技能水平是衡量个体体育综合能力的关键指标，让青少年掌握1～2项运动技能是国家对青少年体育教育的基本要求。然而，如何客观有效地评判青少年运动技能的掌握水平，我们还缺乏一套行之有效的标准。毋庸讳言，当前运动技能等级标准的缺失已经成为制约青少年体育改革发展的主要因素。这对学校体育与健康课程改革的效果检验和深入推进、青少年体育素养水平评价的实施及社会性青少年体育培训的规范开展都造成了影响。因此，制定一套能展现运动项目特征、反映运动技能进阶规律、科学性强且便于测试的"青少年运动技能等级标准"（以下简称"标准"）已迫在眉睫。

2016年3月，上海体育学院组建了"标准"研制组并开展相关工作。经过广泛的专题调研和充分的分析讨论后，研制组确立了四等十二级制的"标准"体系构架，并以"标准"指标能反映运动项目的实际运用能力、能反映个体运动技能水平的变化、能促进青少年运动参与的积极性、能与竞技体育运动等级标准有效衔接为基本思路，依托中国乒乓球学院强大的科研力量，以乒乓球运动技能等级标准的研制为突破口，以点带面地推进研制工作。2017年4月12日，研制组首先发布了《青少年乒乓球运动技能等级标准》（以下简称《乒乓球标准》）。《乒乓球标准》的发布得到了中国乒乓球协会与上海市教委相关领导、乒乓球界多位名宿与专家的高度肯定，国家体育总局官网、新华网、环球网等数十家媒体予以报道。在《乒乓球标准》成功发布的基础上，研制组进一步优化研制思路和路径。又历时1年，经过对9 000余名青少年进行测试和数十轮专家研讨，研制组先后完成了足球、篮球、排球、羽毛球、网球、高尔夫球、田径、体操、游泳、武术10个运动项目的"标准"研制工作。上海市学生体育协会对"标准"高度认可，并采纳其全部内容用于促进青少年学生体育活动的开展工作。同时，"标准"已

第一版丛书序

作为行业主体在上海市质量技术监督局申请为"团体标准"。"标准"的正式出台对于推动青少年体育发展可以起到以下几方面的作用。第一,"标准"的体系构架能够实现普通青少年与精英运动员的运动技能水平评定的衔接,能够为体育管理部门掌握青少年运动技能等级分布情况、规划运动项目发展方向提供支撑。第二,"标准"的指标设计充分考虑到运动项目参与主体的获得感,青少年在每一阶段的进步均能通过等级的进阶得到证明,从而更好地激发和维持青少年积极参与运动的热情。第三,"标准"在对个体参与测试的资格上添加了运动经历的要素,要求被测试者从进入"提高级"的测试开始,必须要具备相应的运动经历才能参与测试。这样的设置突出了"标准"作为评价工具的发展功能,能够避免青少年将技能等级提升与运动实践相割裂的弊端,从而更好地带动青少年积极运动。第四,"标准"指标体系的科学性及测试方法的便捷性能够为学校开展体育技能教学、评定学生体育技能水平提供技术支撑,能够为教育部门开展学生体育素养测评提供科学便捷的工具,更好地实践体育与健康课程的育人价值。第五,"标准"能够为各种青少年体育培训机构的培训质量提供明确的评价依据。当前,青少年体育培训机构虽然蓬勃发展,但也良莠不齐。评价培训质量的指标较多,而青少年运动技能水平的提升程度无疑才是评价培训质量优劣的重要参考。

从提出研制思路到最终成稿,上海市教委都给予了极大的支持与帮助。同时,上海体育学院国家社会科学基金重大项目"中国儿童青少年体育健身大数据平台建设研究"研究团队从项目设计开始,就将"标准"的研制作为主要的研究任务之一,并形成了专门的研究小组进行技术攻关。此外,各运动项目领域的诸多专家及协会、众多中小学学校及社会性体育培训机构也在本"标准"的研制过程中提供了大量帮助。在此,向所有为"标准"的研制工作贡献力量的人员表示衷心的感谢!

受学识的限制,"标准"肯定存在着诸多不完善的地方。因此,恳请广大专家学者以及应用"标准"的相关机构、组织及个人不吝赐教,多提宝贵意见,为"标准"的进一步完善提供真知灼见!

陈佩杰　唐　炎
2018 年 3 月 12 日

编写说明

"青少年运动技能等级标准与测试方法"丛书的编写特点如下:

- 科学性强　基于万余名青少年的测试数据,经过数十轮专家论证而制定。各等级的测试科目基本涵盖了该项运动的主要技术,体现了运动项目的本质特征和运动技能的进阶规律。
- 客观性强　研制过程中尽可能采用智能化的测试手段,能够有效避免主观因素。此外,还对各运动项目的测试场地、器材、设备、考官及被测试者提出了统一要求,从而保证了不同测试基地间测量的可信度。
- 操作性强　在保证科学性和客观性的基础上,力求各运动项目等级的测试方法更简单易行,耗时更少。
- 引领性强　不同运动项目的相同等级难度设置基本对等,具有一定的层次性。从"提高级"开始,要求具备相应的运动经历,能够激发和维持青少年的运动参与热情。
- 贯通性强　能与高水平竞技运动有效衔接,从而实现普通青少年与运动精英在技能上的贯通。
- 直观性强　各等级测试过程中的动作要点均辅以图片进行说明,且每项测试科目都配有示范内容的视频,通过扫描二维码,即可直观、便捷地了解测试内容与方法。

目　　录

测试场地、器材、设备及人员配备要求
场地..003
器材..003
设备..003
人员..003

测试的总体要求
测试规则..005
被测试者要求..005
考官要求..005
测试点要求..006

各等级测试科目

一级测试
科目一：前踢、推踢..010
科目二：太极一章..012
科目三：横叉、左右竖叉....................................015

二级测试
科目一：横踢、下劈踢..018
科目二：太极二章..020
科目三：正踢腿、里摆腿、外摆腿....................024

三级测试
科目一：横踢、侧踢..028
科目二：太极三章..030
科目三：20秒前踢..035

目录

四级测试
科目一：横踢、勾踢（前旋踢）、旋风踢..................038
科目二：太极四章..041
科目三：20 秒横踢...045

五级测试
科目一：横踢、后踢、后旋踢..................................048
科目二：太极五章..051
科目三：20 秒高位横踢..056

六级测试
科目一：前腿横踢、后旋踢、双飞踢.........................058
科目二：太极六章..061
科目三：20 秒双飞踢..065

七级测试
科目一：模拟实战...068
科目二：太极七章..069
科目三：8 组组合腿法一（前腿横踢 + 后腿下劈）..074

八级测试
科目一：实战...078
科目二：太极八章..079
科目三：8 组组合腿法二（前腿横踢 + 反击双飞 + 后旋踢）
....084

九级测试
科目一：实战...088
科目二：高丽...089
科目三：8 组组合腿法三（前腿横踢 + 迎击后踢 + 后滑步横踢 + 迎击下劈）..096

附录
附录 1：跆拳道品势技术考核评分细则....................100
附录 2：跆拳道实战能力评分细则...........................102

青少年跆拳道运动技能等级标准与测试方法

　　跆拳道起源于朝鲜半岛，由防身术演变而来，20世纪50年代开始在世界范围内传播，2000年成为奥运会正式比赛项目。跆拳道主要利用手、脚等部位进行搏击对抗，是在朝鲜半岛格斗术基础上，融合日本空手道、中国武术中某些技术而形成的一项具有自身技术体系和独特风格的、注重礼仪文化的武道体育运动。"跆"字的含义为：用脚踢，以及与腿部相关的各种攻防技术；"拳"字的含义为：用拳击打，以及与上肢相关的各种攻防技术；"道"是指在对"跆"和"拳"修炼过程中的精神要求以及搏击的艺术方法和取胜规律。

　　跆拳道是一项集健身、防身、修身为一体的深受青少年喜爱的时尚体育项目，以腿法和拳法的攻防格斗为主要内容，通过实战、品势、击破等表现形式修炼身心。跆拳道不仅动作简单实用、易学易懂，更重要的是，练习者通过练习跆拳道，能够锻炼自己的精神品质并逐步培养良好的道德情操。为了帮助青少年掌握1～2项运动技能，促进青少年健康成长，推动跆拳道运动的良好发展，特制定"青少年跆拳道运动技能等级标准"（以下简称"标准"）。本"标准"在整体上采用四等十二级制，其中，一～三级为入门级，四～六级为提高级，七～九级为专业级，十～十二级为精英级。本"标准"仅针对一～九级，预留十～十二级与高水平运动员等级相衔接。

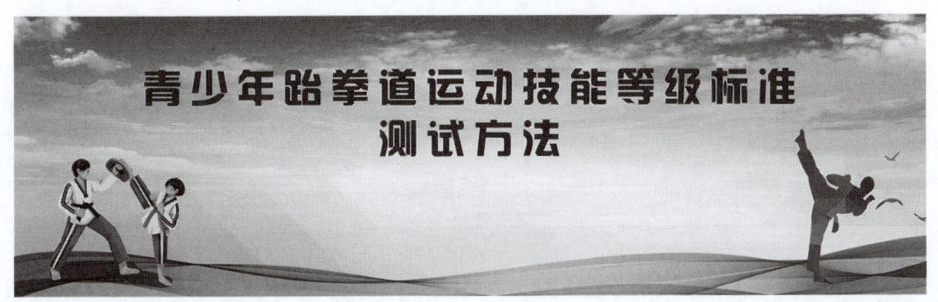

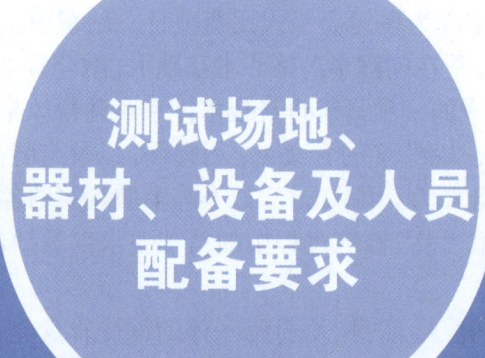

测试场地、器材、设备及人员配备要求

场地

采用跆拳道竞赛标准场地，为水平、无障碍物的八边形场地，铺设有弹性、平整并经中国跆拳道协会指定的专用比赛垫。比赛场地设有边界线，边界线以外须铺设软垫，保护被测试者的安全。

器材

跆拳道卷垫1套、跆拳道中位电子计数桩1套、跆拳道高位电子计数靶1套、直尺1把、考官桌椅8~10套、摄像机1台、三脚架1副、记录表5份。

设备

医疗急救箱1套，全程录像设备1套，专用电脑2台并配备网络接口，保证网络畅通。

人员

主考官：3~5名。
助考员：2~5名。
其他考务人员：若干名。

测试的总体要求

测试规则

被测试者首次申请测试时可从任一等级开始,但应对自身运动水平有一定预估。首次测试通过后方可申请下一等级的测试,不通过者至少降一个等级重新申请。

测试动作以本"标准"规定为准,违反动作规定将停止测试。

本"标准"各等级测试由科目一、科目二、科目三组成,科目一为基本技战术考核,科目二为品势技术考核,科目三为专项身体素质考核。各等级测试满分为100分:科目一基本技战术考核满分为40分;科目二品势技术考核满分为30分(品势技术考核评分细则详见附录1);科目三专项身体素质考核满分为30分,在多项专项身体素质考核时,单项总分为10分,科目三最终分值为多项得分之和。

一～三级测试达标分数为60分,四～六级测试达标分数为70分,七级测试达标分数为73分,八级测试达标分数为77分,九级测试达标分数为80分。

被测试者要求

被测试者必须身着中国跆拳道协会指定或公认的跆拳道道服,佩戴符合要求的道带入场考试。不得携带与考试无关的物品进入考场,不得佩戴挂件、首饰等物品入场。参加测试的男生上身不得在道服内穿着其他衣物,女生上身允许在道服内穿着白色T恤。被测试者必须赤脚进入考场。

从四级开始要求被测试者应具有一定的比赛经历。申请四～六级测试的被测试者须参加过县级及以上政府相关部门主办的比赛,或者以"标准"杯冠名的相应级别比赛的经历,或者经"标准"委员会认定的比赛。申请七～九级测试的被测试者须参加过地市级以上及政府相关部门主办的比赛,或者以"标准"杯冠名的相应级别比赛的经历,或者经"标准"委员会认定的比赛。

考官要求

考官须着跆拳道裁判服;测试前认真检查测试场地、器材及设备;提醒被测试者做好充分的准备活动。

一～六级主考官须具有一级及以上跆拳道裁判员证书,或由"标准"委员会认定；七～九级主考官须具有国家级跆拳道裁判员证书，或由"标准"委员会认定。所有考官均应无不良执裁记录。

测试点要求

测试点必须保持场地干净、整洁、明亮、平整，场地无硬物或其他安全隐患，必须有安全出口和紧急疏散通道。整个测试过程全程录像。

各等级测试科目

表1 各等级测试科目一览表

等级	科目一	科目二	科目三
一级	前踢、推踢	太极一章	横叉、左右竖叉
二级	横踢、下劈踢	太极二章	正踢腿、里摆腿、外摆腿
三级	横踢、侧踢	太极三章	20秒前踢
四级	横踢、勾踢（前旋踢）、旋风踢	太极四章	20秒横踢
五级	横踢、后踢、后旋踢	太极五章	20秒高位横踢
六级	前腿横踢、后旋踢、双飞踢	太极六章	20秒双飞踢
七级	模拟实战	太极七章	8组组合腿法一 （前腿横踢+后腿下劈）
八级	实战	太极八章	8组组合腿法二 （前腿横踢+反击双飞+后旋踢）
九级	实战	高丽	8组组合腿法三 （前腿横踢+迎击后踢+后滑步横踢+迎击下劈）

一级测试

青少年跆拳道运动技能等级标准与测试方法

科目一：前踢、推踢

一级：科目一

┃测试方法与要求┃

被测试者站在地面标示线后的测试区内，听到考官口令后，完成前踢、推踢动作。要求技术动作规范、用力协调。

┃动作说明与图示┃

前踢：在左实战式准备动作下，目视前方，双手放松握拳于前胸，以前腿为轴，前脚掌外旋30°以上，后腿小腿放松，接着大小腿夹紧提膝，直线弹踢目标后迅速收回，成右实战式。

要点：动作腿的膝关节前提，大小腿充分折叠，迅速踢击后收回。双臂协调配合，眼睛注视目标。

推踢：在左实战式准备动作下，前腿适当旋转，身体重心前移，面向攻击目标。后腿向上、向身体方向迅速提膝至目标高度，脚尖勾起，大小腿折叠，随后髋关节前送、膝关节伸开，同时脚尖向上向前迅速踢出，成右实战式。

要点：动作腿快速蹬地起动，膝关节迅速向前上提起，踢击、收回动作要连贯协调、力达脚掌。双臂协调配合，眼睛注视目标。

一级测试

| 评分方法 |

考官根据被测试者现场表现进行评分，该科目达到或超过24分为合格。

科目二：太极一章

| 测试方法与要求 |

 一级：科目二

被测试者站在地面标示线后的测试区内，听到考官口令后，完成太极一章动作。要求被测试者完成整套品势动作，动作规范、用力协调、刚柔并济。

| 动作说明与图示 |

准备式：并步站立，左脚向左侧移动一脚距离成开立步，双手刀经腹部前至胸口后下行握拳至腹前成准备式，整个动作要求匀速，并伴随呼吸的调整。

左前行步左下格挡：身体左转90°，成左前行步，同时左臂下格挡，右拳收于腰侧。

右前行步右直拳：右脚向前做右前行步，同时右拳中段直拳，左拳收于腰侧。

右前行步下格挡：以左脚掌为轴内旋180°，右脚直线向后成右前行步，同时右臂下格挡，左拳收于腰侧。

左前行步左直拳：左脚向前做左前行步，左拳中段直拳，右拳收于腰侧。

左弓步左下格挡：身体左转90°，成左弓步，同时左臂下格挡，右拳收于腰侧。

右中段直拳：保持左弓步不变，右拳中段直拳，左拳收于腰侧。

右前行步左内格挡：右脚向右前侧迈出，成右前行步，同时左臂中内格挡，右拳收于腰侧。

左前行步右直拳：左脚向前做左前行步，同时右拳中段直拳，左拳收于腰侧。

左前行步右内格挡：以右脚前脚掌为轴内旋180°，左脚直线向后，成左前行步，同时右臂中内格挡，左拳收于腰侧。

一级测试

右前行步左直拳：右脚向前做右前行步，同时左拳中段直拳，右拳收于腰侧。

右弓步右下格挡：身体右转，成右弓步，同时右臂下格挡，左拳收于腰侧。

左直拳：保持右弓步不变，左拳中段直拳，右拳收于腰侧。

左前行步左上格挡：身体左转90°，成左前行步，同时左臂上格挡，右拳收于腰侧。

右前踢+右直拳：右腿前踢，右拳、左拳前后放置于胸前。前踢腿向前落脚成右前行步，同时右拳中段直拳，左拳收于腰侧。

右前行步右上格挡：身体向右后方转动180°，成右前行步，同时右臂上格挡，左拳收于腰侧。

左前踢+左直拳：左腿前踢，左拳、右拳前后放置于胸前。前踢腿向前落脚成左前行步，同时左拳中段直拳，右拳收于腰侧。

左弓步左下格挡：身体向右后方转动90°，成左弓步，同时左臂下格挡，右拳收于腰侧。

右弓步右直拳（发声）：右脚向前迈出做右弓步，同时右拳中段直拳，配合发声，左拳收于腰侧。

结束式：身体向左后方转动，回到起始位置，还原成准备式。

评分方法

考官根据被测试者现场表现进行评分,该科目达到或超过18分为合格。

科目三：横叉、左右竖叉

一级：科目三

| 测试方法与要求 |

被测试者须赤脚，两脚并步站立，两臂自然下垂，上体直立。考官发令时即计时开始，被测试者应在30秒内完成动作。

| 动作说明 |

横叉：要求脚背绷直，膝盖伸直，脚尖、膝盖和髋部三点一线，双手在体前撑地，上体保持正直。

左竖叉：要求左腿在前，右腿在后成一条直线，前腿的脚后跟、小腿腓肠肌和大腿后肌群压紧地面，脚尖勾紧上翘，正对上方；后腿的脚背、膝盖和股四头肌压紧地面，脚尖指向正后方；髋关节摆正与两腿垂直，臀部压紧地面。

右竖叉：要求右腿在前、左腿在后成一条直线，前腿的脚后跟、小腿腓肠肌和大腿后肌群压紧地面，脚尖勾紧上翘，正对上方；后腿的脚背、膝盖和股四头肌压紧地面，脚尖指向正后方；髋关节摆正与两腿垂直，臀部压紧地面。

| 评分方法 |

被测试者完成动作后，保持5秒，考官测量耻骨到地面的距离（竖叉以前腿为测量基准），各单项动作耻骨完全贴合地面为10分，离地距离每多1厘米则扣1分，直至扣完为止。

二级测试

科目一：横踢、下劈踢

| 测试方法与要求 |

二级：科目一

被测试者站在地面标示线后的测试区内，听到考官口令后，完成横踢、下劈踢动作。要求技术动作规范、用力协调。

| 动作说明与图示 |

横踢：在左实战式准备动作下，前腿为支撑腿，以前脚掌为轴外转130°以上，身体重心前移，同时后腿屈膝提起，大小腿折叠，脚面绷直，水平方向做弹踢后迅速收回，成右实战式。

要点：蹬地、转体、提膝、踢击、收腿整个过程要连贯协调，迅速流畅。支撑脚转动要与身体的转动协调一致，踢击时力达脚背。双臂协调配合，眼睛注视目标。

下劈踢：在左实战式准备动作下，身体重心前移以前腿为支撑腿，后腿经前腿内侧向前向上屈膝提起，随即伸直将后脚摆至头部上方，大腿带动小腿向前下发力踢击后，成右实战式。

动作要点：前腿屈膝折叠快速上摆，上身随重心前移，目视前方。前腿至头部高度后向下快速释放全部力量，恢复成右实战式。

二级测试

评分方法

考官根据被测试者现场表现进行评分,该科目达到或超过24分为合格。

科目二：太极二章

| 测试方法与要求 |

二级：科目二

被测试者站在地面标示线后的测试区内，听到考官口令后，完成太极二章动作。要求被测试者完成整套品势动作，动作规范、用力协调、刚柔并济。

| 动作说明与图示 |

准备式：并步站立，左脚向左侧移动一脚距离成开立步，双手刀经腹部前至胸口后下行握拳至腹前成准备式，整个动作要求匀速，并伴随呼吸的调整。

左前行步下格挡：身体左转90°，成左前行步，同时左臂下格挡，右拳收于腰侧。

右弓步右直拳：右脚向前成右弓步，同时右拳中段直拳，左拳收于腰侧。

右前行步下格挡：以左脚前脚掌为轴内旋180°，右脚直线向后，成右前行步，同时右臂下格挡，左拳收于腰侧。

左弓步左直拳：左脚向前成左弓步，同时左拳中段直拳，右拳收于腰侧。

左前行步中格挡：身体向左转90°，成左前行步，同时右臂中格挡，左拳收于腰侧。

右前行步中格挡：右脚向前方做右前行步，同时左臂中格挡，右拳收于腰侧。

左前行步下格挡：身体向左转，成左前行步，同时左臂下格挡，右拳收于腰侧。

右前踢+右上段直拳：右腿前踢，右拳、左拳前后放置于胸前。前踢腿向前落脚成右弓步，同时右拳上段直拳，拳至面部人中高度，左拳收于腰侧。

右前行步下格挡：身体向后转180°，成右前行步，同时右臂下格挡，左拳收于腰侧。

左前踢+左上段直拳：左腿前踢，左拳、右拳前后放置于胸前。前踢腿向前落脚成左弓步，同时左拳上段直拳，拳至面部人中高度，右拳收于腰侧。

左前行步上格挡：身体向左转90°，成左前行步，同时左臂上格挡，右拳收于腰侧。

右前行步上格挡：右脚向前做右前行步，同时右臂上格挡，左拳收于腰侧。

左前行步中格挡：以右脚掌为轴向左后方旋转270°，成左前行步，同时右臂中格挡，左拳收于腰侧。

右前行步中格挡：以左脚掌为轴向右后方旋转，成右前行步，同时左臂中格挡，右拳收于腰侧。

左前行步下格挡：身体向左转90°，成左前行步，同时左臂下格挡，右拳收于腰侧。

右前踢+右直拳：右腿前踢，右拳、左拳前后放置于胸前。前踢腿向前落脚成右前行步，同时右拳中段直拳，左拳收于腰侧。

左前踢+左直拳：左腿前踢，左拳、右拳前后放置于胸前。前踢腿向前落脚成左前行步，同时左拳中段直拳，右拳收于腰侧。

右前踢+右直拳（发声）：右腿前踢，右拳、左拳前后放置于胸前。前踢腿向前落脚成右前行步，同时右拳做中段直拳，左拳收于腰侧，配合发声。

结束式：身体向左后方转动，回到起始位置，还原成准备式。

青少年跆拳道运动技能等级标准与测试方法

评分方法

考官根据被测试者现场表现进行评分,该科目达到或超过18分为合格。

科目三：正踢腿、里摆腿、外摆腿

二级：科目三

┃ 测试方法与要求 ┃

测试者须赤脚，两脚并步站立，两臂自然下垂，上体直立。考官发出"实战式准备"口令后，考生做实战式准备动作。考官发出"开始"口令即计时开始，记录在20秒内完成动作的次数。

┃ 动作说明 ┃

正踢腿：左腿支撑，右脚尖勾起直腿向上踢至前额处，支撑腿和摆动腿伸直，目视前方。膝关节内角度小于165°被视为无效动作；躯干前倾大于45°被视为无效动作；踢腿高度未超过锁骨被视为无效动作。

里摆腿：左腿支撑，右腿伸直，右脚尖勾起，右脚向右、向上踢至头的右侧上方，右脚摆至头的左侧上方后向下落于左脚的左侧前方，右脚掌着地，目视前方。膝关节内角度小于165°被视为无效动作；躯干前倾大于45°被视为无效动作；踢腿高度未超过锁骨被视为无效动作。

外摆腿：左腿支撑，右腿伸直，右脚尖勾起，右脚向右、向上踢至头的右侧上方，右脚摆至身体右侧方后向下落于起始位置，右脚掌着地，目视前方。膝关节内角度小于165°被视为无效动作；躯干前倾大于45°被视为无效动作；踢腿高度未超过锁骨被视为无效动作。

┃ 评分方法 ┃

使用电子计数设备，记录在20秒内完成动作的次数，并依据表2～表4换算成分数。

表 2 正踢腿评分表

分值	次数	分值	次数	分值	次数
1	16	5	24	9	32
2	18	6	26	10	34
3	20	7	28		
4	22	8	30		

表 3 里摆腿评分表

分值	次数	分值	次数	分值	次数
1	14	5	22	9	30
2	16	6	24	10	32
3	18	7	26		
4	20	8	28		

表 4 外摆腿评分表

分值	次数	分值	次数	分值	次数
1	12	5	20	9	28
2	14	6	22	10	30
3	16	7	24		
4	18	8	26		

三级测试

青少年跆拳道运动技能等级标准与测试方法

科目一：横踢、侧踢

三级：科目一

| 测试方法与要求 |

被测试者站在地面标示线后的测试区内，听到考官口令后，完成横踢、侧踢动作。要求技术动作规范、用力协调。

| 动作说明与图示 |

横踢：在左实战式准备动作下，前腿为支撑腿，以前腿为轴，前脚掌外转130°以上，身体重心前移，同时后腿屈膝提起，大小腿折叠，脚面绷直，水平方向做弹踢后迅速收回，成右实战式。

要点：蹬地、转体、提膝、踢击、收腿整个过程要连贯协调，迅速流畅。支撑脚转动要与身体的转动协调一致，踢击时力达脚背。双臂协调配合，眼睛注视目标。

侧踢：在左实战式准备动作下，身体重心前移，以前腿为轴，前脚掌外转150°以上，同时后腿屈膝勾脚向上向身体方向迅速提膝，并向身体侧方踢出后迅速屈膝收回，成右实战式。

动作要点：蹬地、转体、提膝、踢击、收脚整个过程要连贯协调，迅速流畅。前脚掌支撑身体转动，展髋收臀，直线攻击，力达脚掌。双臂协调配合，眼睛注视目标。

| 评分方法 |

考官根据被测试者现场表现进行评分，该科目达到或超过24分为合格。

科目二：太极三章

测试方法与要求　三级：科目二

被测试者站在地面标示线后的测试区内，听到考官口令后，完成太极三章动作。要求被测试者完成整套品势动作、动作规范、用力协调、刚柔并济。

动作说明与图示

准备式：并步站立，左脚向左侧移动一脚距离成开立步，双手刀经腹部前至胸口后下行握拳至腹前成准备式，整个动作要求匀速，并伴随呼吸的调整。

左前行步下格挡：身体向左转90°，成左前行步，同时左臂下格挡，右拳收于腰侧。

右前踢+右左直拳：右腿前踢，右拳、左拳前后放置于胸前。前踢腿向前落脚成右弓步，同时右拳、左拳做连续的中段直拳。

右前行步下格挡：以左脚掌为轴内旋180°，成右前行步，同时右臂下格挡，左拳收于腰侧。

左前踢+左右直拳：左腿前踢，左拳、右拳前后放置于胸前。前踢腿向前落脚成左弓步，同时左拳、右拳做连续的中段直拳。

左前行步手刀内击：身体向左转90°，成左前行步，同时右臂手刀颈部攻击，左拳收于腰侧。

右前行步手刀内击：右脚向前迈出成右前行步，同时左臂手刀颈部攻击，右拳收于腰侧。

左三七步手刀外格挡：身体左转，成左三七步，同时左臂单手刀中段外格挡，右拳收于腰侧。

左弓步直拳：左脚向左侧迈出成弓步，同时右拳中段直拳，左拳收于腰侧。

右三七步手刀外格挡：以左脚为轴内旋身体后转180°，成右三七步，同时右臂单手刀中段外格挡，左拳收于腰间。

右弓步直拳：右脚向右侧迈出成弓步，同时左拳中段直拳，右拳收于腰侧。

左前行步中格挡：身体向左转90°，成左前行步，同时右臂中格挡，左拳收于腰侧。

右前行步中格挡：右脚向前方迈出成右前行步，同时左臂中格挡，右拳收于腰侧。

左前行步下格挡：以右脚为轴身体向左后方旋转270°，成左前行步，同时左臂左下格挡，右拳收于腰侧。

右前踢+右左直拳：右腿前踢，右拳、左拳前后放置于胸前。前踢腿向前落脚成右弓步，同时右拳、左拳做连续的中段直拳。

右前行步下格挡：以左脚为轴身体向右后方转动，成右前行步，同时右臂下格挡，左拳收于腰侧。

左前踢+左右直拳：左腿前踢，左拳、右拳前后放置于胸前。前踢腿向前落脚成左弓步，同时左拳、右拳做连续的中段直拳。

左前行步下格挡+直拳：身体向左侧旋转，成左前行步，同时左臂下格挡，右拳收于腰侧。接着右拳中段直拳，左拳收于腰侧。

右前行步下格挡+直拳：右脚向前成右前行步，同时右臂下格挡，左拳收于腰侧。左拳中段直拳，右拳收于腰侧。

左前踢+下格挡+直拳：左腿前踢，左拳、右拳前后放置于胸前。前踢腿向前落脚成左前行步，同时左臂下格挡，右拳收于腰侧。接着右拳做中段直拳，左拳收于腰侧。

右前踢+下格挡+直拳（发声）：右腿前踢，右拳、左拳前后放置于胸前。前踢腿向前落脚成右前行步，同时右臂下格挡，左拳收于腰侧。接着左拳中段直拳，右拳收于腰侧，配合发声。

结束式：身体向左后方转动，回到起始位置，还原成准备式。

青少年跆拳道运动技能等级标准与测试方法

三级测试

评分方法

考官根据被测试者现场表现进行评分,该科目达到或超过18分为合格。

科目三：20秒前踢

三级：科目三

测试方法与要求

被测试者站在地面标示线后的测试区内，由被测试者自行击打电子计数桩激活，倒计时后开始计数。被击打目标为独立桩式的电子计数器，电子计数桩部分为允许击打的部位。被测试者在20秒规定时间内使用前踢动作连续击打目标，左右腿交替进行。每个技术动作须动作路线正确，步法灵活，动作连贯，速度快、力量足、有气势，击打准确且效果明显，由电子计数器根据准确性和力度自动记分。被击打目标底部高度根据被测试者的腰部高度调节。

评分方法

测试采用电子计数器进行计数，考官依照表5换算成分数。

表5 前踢评分表

分值	次数	分值	次数	分值	次数
2	28	12	33	22	38
4	29	14	34	24	39
6	30	16	35	26	40
8	31	18	36	28	41
10	32	20	37	30	42

四级测试

青少年跆拳道运动技能等级标准与测试方法

科目一：横踢、勾踢（前旋踢）、旋风踢

| 测试方法与要求 |　　四级：科目一

被测试者站在地面标示线后的测试区内，听到考官口令后，完成横踢、勾踢（前旋踢）、旋风踢动作。要求技术动作规范、用力协调。

| 动作说明与图示 |

横踢：在左实战式准备动作下，前腿为支撑腿，以前腿为轴，前脚掌外转130°以上，身体重心前移，同时后腿屈膝提起，大小腿折叠，脚面绷直，水平方向做弹踢后迅速收回，成右实战式。

要点：蹬地、转体、提膝、踢击、收腿整个过程要连贯协调，迅速流畅。支撑脚转动要与身体的转动协调一致，踢击时力达脚背。双臂协调配合，眼睛注视目标。

勾踢（前旋踢）：在左实战式准备动作下，以前腿为轴，前脚掌外转150°以上，同时后腿屈膝，大小腿折叠提起向上向前发力摆动，完成踢击动作，此时身体重心随击打方向移动，目视前方，上肢保持防守动作，踢击动作结束后迅速收回，成左实战式。

要点：控制好身体转动角度，大腿带动小腿回勾发力，力达脚掌。双臂协调配合，眼睛注视目标。

旋风踢：在右实战式准备动作下，后脚蹬地重心前移，以前脚掌为轴身体右转、后腿后摆，当身体腾空面向攻击目标瞬间，前腿向目标横踢，双脚依次落地，成右实战式。

要点：转身和空中换腿环节要连贯顺畅。沿身体纵轴转体，当身体面向目标时双腿迅速在空中交换做出横踢动作。击打过程中目视前方目标，身体保持平衡，重心沿行进方向移动，整体动作要连贯自然。

评分方法

考官根据被测试者现场表现进行评分,该科目达到或超过28分为合格。

科目二：太极四章

| 测试方法与要求 | 四级：科目二

被测试者站在地面标示线后的测试区内，听到考官口令后，完成太极四章动作。要求被测试者完成整套品势动作，动作规范、用力协调、刚柔并济。

| 动作说明与图示 |

准备式：并步站立，左脚向左侧移动一脚距离成开立步，双手刀经腹部前至胸口后下行握拳至腹前成准备式，整个动作要求匀速，并伴随呼吸的调整。

左三七步手刀外格挡：身体向左转，成左三七步，同时左手刀中段外格挡，右手刀收至胸前。

右弓步手刀刺击：右脚向前迈出成弓步，左手刀下压，右手刀收至腰间后向胸前平手尖刺击，左手刀放置右臂肘关节处，掌心朝下。

右三七步手刀外格挡：身体向右后方转动，成右三七步，同时右手刀中段外格挡，左手刀收至胸前。

左弓步手刀刺击：左脚向前迈出成弓步，右手刀下压，左手刀收至腰间后向胸前平手尖刺击，右手刀放置左臂肘关节处，掌心朝下。

左弓步手刀攻击：身体左转，成左弓步，同时左手刀做上格挡，右手刀形成燕子手刀攻击颈部。

右前踢+弓步直拳：右腿前踢，右拳、左拳前后放置于胸前。前踢腿向前落脚成弓步，同时左拳中段直拳，右拳收于腰侧。

左侧踢：左腿侧踢，支撑腿伸直，踢击时两拳放置于胸前，落脚成左前行步。

右侧踢+手刀外格挡：右腿做右侧踢动作，接着右侧踢收腿落脚成三七步，同时右手刀中段外格挡，左手刀放置于胸前。

左三七步外格挡：以右脚为轴，身体向左后方转动，成左三七步，同时左臂中段外格挡，右拳收于腰侧。

右前踢+左三七步中格挡：右腿前踢，右拳、左拳前后放置于胸前。前踢收腿还原成左三七步，同时右臂中格挡，左拳收于腰侧。

右三七步外格挡：身体右转，成右三七步，同时右臂中段外格挡，左拳收于腰侧。

左前踢+右三七步中格挡：左腿前踢，左拳、右拳前后放置于胸前。前踢收腿还原成右三七步，同时左拳中格挡，右拳收于腰侧。

左弓步手刀攻击：身体左转，成左弓步，同时左手刀做上格挡，右手刀形成燕子手刀攻击颈部。

右前踢+翻背拳：右腿前踢，右拳、左拳前后放置于胸前。前踢收腿落脚成右弓步，同时右拳从腋下向前上方做翻背拳，左拳收于腰侧。

左前行步中格挡：身体左转，成左前行步，同时左臂中格挡，右拳收于腰侧。

右直拳：步形保持不变，右拳中段直拳，左拳收于腰侧。

右前行步中格挡：以左脚掌为轴，身体向右后方转动，成右前行步，同时右臂中格挡，左拳收于腰侧。

左直拳：步形保持不变，左拳中段直拳，右拳收于腰侧。

左弓步中格挡+右左直拳：身体左转，成左弓步，同时左臂中格挡，右拳收于腰侧。步形不变，右拳、左拳做连续的中段直拳。

右弓步中格挡+左右直拳（发声）：右脚向前迈出成右弓步，同时右臂中格挡，左拳收于腰侧。步形不变，左拳、右拳做连续的中段直拳，配合发声。

结束式：身体向左后方转动，回到起始位置，还原至准备式。

四级测试

青少年跆拳道运动技能等级标准与测试方法

评分方法

考官根据被测试者现场表现进行评分,该科目达到或超过21分为合格。

科目三：20秒横踢

┃测试方法与要求┃

四级：科目三

被测试者站在地面标示线后的测试区内，由被测试者自行击打电子计数桩激活，倒计时后开始计数。被击打目标为独立桩式的电子计数器，电子计数桩部分为被允许击打的部位。被测试者在20秒规定时间内使用横踢动作连续击打目标，左右腿交替进行，每个技术动作须动作路线正确，步法灵活，动作连贯、速度快、力量足、有气势，击打准确且效果明显，由电子计数器根据准确性和力度自动记分。被击打目标底部高度根据被测试者的腰部高度调节。

┃评分方法┃

考官记录跆拳道中位电子计数桩的计分，并依照表6换算成分数。

表6 横踢评分表

分值	次数	分值	次数	分值	次数
2	26	12	31	22	36
4	27	14	32	24	37
6	28	16	33	26	38
8	29	18	34	28	39
10	30	20	35	30	40

科目一：横踢、后踢、后旋踢

| 测试方法与要求 | 五级：科目一 |

被测试者站在地面标示线后的测试区内，听到考官口令后，完成横踢、后踢、后旋踢动作。要求技术动作规范、用力协调。

| 动作说明与图示 |

横踢：在左实战式准备动作下，前腿为支撑腿，以前腿为轴，前脚掌外转130°以上，身体重心前移，同时后腿屈膝提起，大小腿折叠，脚面绷直，水平方向做弹踢后迅速收回，成右实战式。

要点：蹬地、转体、提膝、踢击、收腿整个过程要连贯协调，迅速流畅。支撑脚转动要与身体的转动协调一致，踢击时力达脚背。双臂协调配合，眼睛注视目标。

后踢：在左实战式准备动作下，转身后勾脚向后直线踢出，迅速收回，脚落于后方，转身向后退步恢复成左实战式。

要点：前腿脚跟对准目标方向，沿纵轴快速转体，及时制动，余光目视目标。发力时含胸收腹，两臂收拢。收腿、折叠、踢击要锁定目标，重心随

踢击方向直线移动,整个动作要快速连贯、力达脚掌。

后旋踢:在左实战式准备动作下,后脚蹬地重心前倾,以前腿、前脚掌为轴上身旋转,余光看向目标,后腿迅速屈膝靠近支撑腿,余光看到目标后斜向30°～45°方向踢出,利用腰部,小腿迅速水平摆动,上述动作完毕后迅速收回,恢复成左实战式。

要点:转头带动身体沿纵轴转动,用余光注视目标。蹬地、转身、摆腿、踢击要协调连贯,快速完成,腰部带动大腿,大腿带动小腿,使右腿踢击目标时形成水平方向的鞭打力。摆腿发力后迅速收腿落地,成实战姿势。

评分方法

考官根据被测试者现场表现进行评分,该科目达到或超过28分为合格。

科目二：太极五章

五级：科目二

| 测试方法与要求 |

被测试者站在地面标示线后的测试区内,听到考官口令后,完成太极五章动作。要求被测试者完成整套品势动作,动作规范、用力协调、刚柔并济。

| 动作说明与图示 |

准备式:并步站立,左脚向左侧移动一脚距离成开立步,双手刀经腹部前至胸口后下行握拳至腹前成准备式,整个动作要求匀速,并伴随呼吸的调整。

左弓步下格挡:身体左转180°,左脚上步成左弓步,同时左臂下格挡,右拳收于腰侧。

左下锤拳:左脚收回,成开立步,左拳自左下向右、向上经由脸前做左下锤拳,至左侧平举位置,目视左拳。

右弓步下格挡:身体右转180°,右脚上步成右弓步,右臂下格挡,左拳收于腰侧。

右下锤拳:右脚收回成开立步,右拳自右下向左、向上经由脸前做右下锤拳,至右侧平举位置,目视右拳。

左弓步左中格挡+右中格挡:身体转向正前方,左脚向正前方成左弓步,左臂中格挡,右拳收于腰侧。步形不变,右臂中格挡,左拳收于腰侧。

右前踢+右背拳前击+左中格挡:右腿前踢,前落成右弓步,右背拳前击,左拳收于腰侧。步形不变,左臂中格挡,右拳收于腰侧。

左前踢+左背拳前击+右中格挡:左腿前踢,前落成左弓步,左背拳前击,右拳收于腰侧。步形不变,右臂中格挡,左拳收于腰侧。

右弓步背拳:右脚上步成右弓步,同时右背拳前击,左拳收于腰侧。

左手刀外格挡:以右脚掌为轴,左脚向后移步,身体向左旋转270°,成左三七步，左拳变手刀中段外格挡，右拳收于腰侧。

右弓步肘击：右脚上步成右弓步，同时右臂屈肘夹紧，旋肘前击，右拳面附于左掌面。

右手刀外格挡：以左脚掌为轴，右脚向后移步，身体向右后转180°，成右三七步，右拳变手刀中段外格挡，左拳收于腰侧。

左弓步肘击：左脚上步成左弓步，同时左臂屈肘夹紧，旋肘前击，左拳面附于右掌面。

左弓步下格挡+右中格挡：以右脚为轴，左脚向左移步，身体左转90°，成左弓步，左臂下格挡，右拳收于腰侧。步形不变，右臂中格挡，左拳收于腰侧。

右前踢+下格挡+左中格挡：右腿前踢，前落成右弓步，右臂下段格挡，左拳收于腰侧。步形不变，左臂中格挡，右拳收于腰侧。

左弓步上格挡：以右脚掌为轴，左脚向左移步，身体左转90°，成左弓步，左臂上段格挡。

右侧踢+左肘击：右腿侧踢，右拳侧击。右脚前落成右弓步，同时掌肘对击。

右弓步上格挡：以左脚掌为轴，右脚向后移步，身体向后转180°，成右弓步，右臂上段格挡，左拳收于腰间。

左侧踢+右肘击：左腿侧踢，左拳侧击。左脚前落成左弓步，同时掌肘对击。

左弓步下格挡+中格挡：以右脚掌为轴，左脚向左侧移步，身体左转90°，成左弓步，左拳下段格挡，右拳收于腰侧。步形不变，右臂中格挡，左拳收于腰侧。

右前踢+交叉步背拳（发声）：右腿前踢。前踢腿向前落地成后交叉步，同时右背拳前击，并配合发声。

结束式：以右脚掌为轴身体左转，回到起始位置，还原至准备式。

五级测试

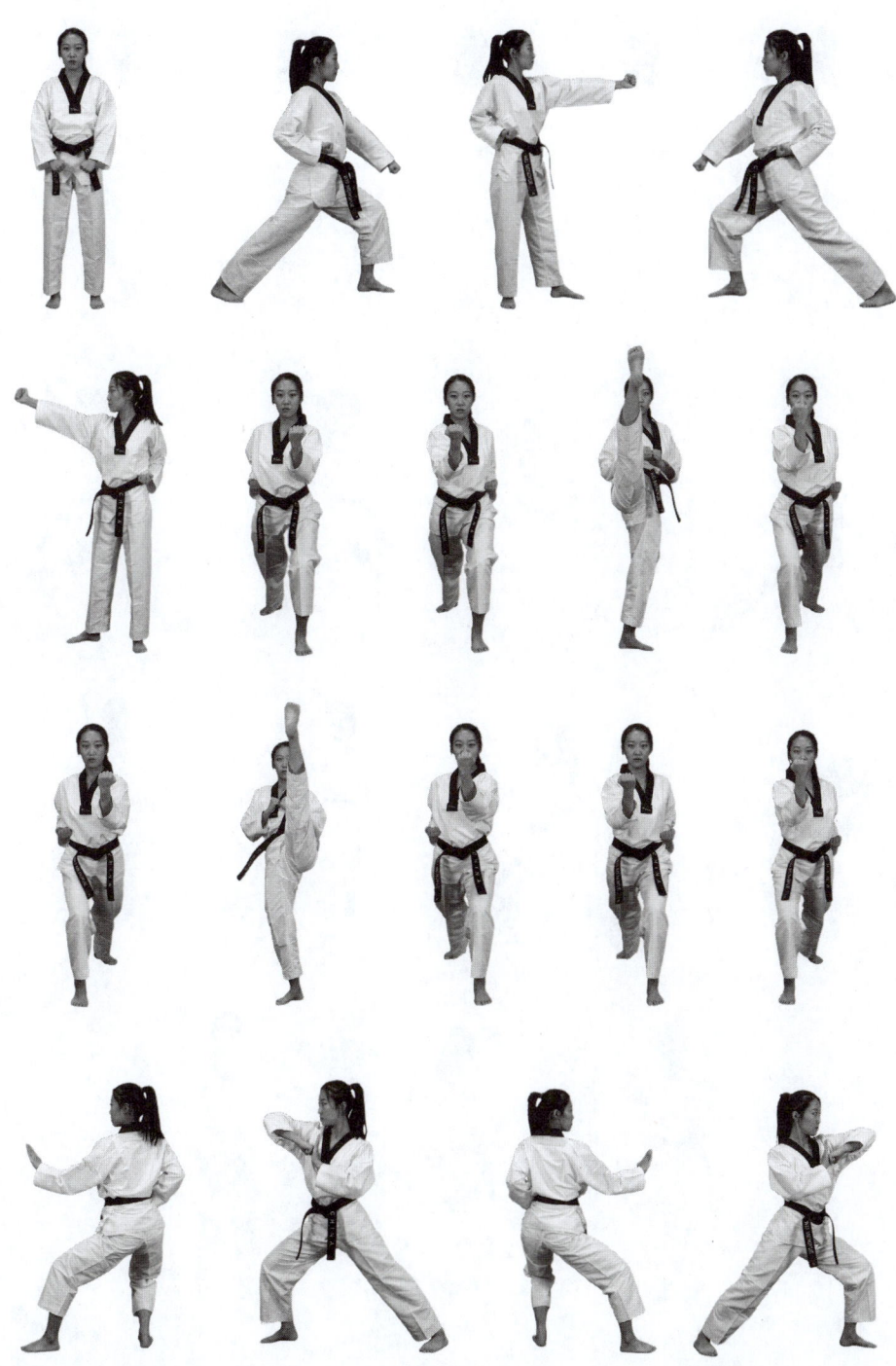

青少年跆拳道运动技能等级标准与测试方法

评分方法

考官根据被测试者现场表现进行评分,该科目达到或超过21分为合格。

科目三：20秒高位横踢

测试方法与要求

五级：科目三

被测试者站在地面标示线后的测试区内，由被测试者自行击打电子计数靶激活，倒计时后开始计数。被击打目标为独立脚靶式的电子计数器，脚靶黄色部分为被允许击打的部位。被测试者在20秒规定时间内使用高位横踢技术连续击打目标，左右腿交替进行，每个技术动作须动作路线正确，步法灵活，动作连贯，速度快、力量足、有气势，击打准确且效果明显，由电子计数器根据准确性和力度自动记分。被击打目标底部高度根据被测试者的肩部高度调节。

评分方法

考官记录跆拳道高位电子计数靶的计分，并依照表7换算成分数。

表7 高位横踢评分表

分值	次数		分值	次数		分值	次数	
	男	女		男	女		男	女
2	22	20	12	27	25	22	32	30
4	23	21	14	28	26	24	33	31
6	24	22	16	29	27	26	34	32
8	25	23	18	30	28	28	35	33
10	26	24	20	31	29	30	36	34

科目一：前腿横踢、后旋踢、双飞踢

六级：科目一

│测试方法与要求│

被测试者站在地面标示线后的测试区内，听到考官口令后，完成前腿横踢、后旋踢、双飞踢动作。要求技术动作规范、用力协调。

│动作说明与图示│

前腿横踢：在右实战式准备动作下，身体重心前移，双脚依次蹬地，身体腾空向前，后脚向前脚并拢，后脚落地同时前腿屈膝提起，大小腿折叠，脚面绷直，迅速踢击目标后，恢复成右实战式。

要点：蹬地、移动、落点、提膝、踢击、收脚整个过程要连贯协调，迅速流畅。支撑脚转动要与身体的转动协调一致，踢击时力达脚背。双臂自然保持防守姿势，目视前方。

后旋踢：在左实战式准备动作下，后脚蹬地，重心前倾，以前腿为轴上身旋转，余光看向目标。后腿迅速屈膝靠近支撑腿，余光看到目标后斜向30°～45°方向踢出，利用腰部力量使小腿迅速水平摆动，上述动作完毕后迅速收回，恢复成左实战式。

要点：转头带动身体沿纵轴转动，用余光注视目标。蹬地、转身、摆腿、踢击要协调连贯，快速完成，腰部带动大腿，大腿带动小腿，使右腿踢击目标时形成水平方向的鞭打力。摆腿发力后迅速收腿落地，成实战姿势。

双飞踢：在左实战式准备动作下，身体重心前移，后腿向前横踢，紧接着前脚蹬地跳起，后腿屈膝下落，前腿在空中完成横踢，随即后脚落地，前腿收回落地，恢复成左实战式。

要点：起跳不宜过高，通过蹬地和腰部的快速转动，带动两腿迅速完成两次横踢。眼睛注视目标，两臂协调配合，上身可适当倾斜。

青少年跆拳道运动技能等级标准与测试方法

| 评分方法 |

考官根据被测试者现场表现进行评分,该科目达到或超过28分为合格。

科目二：太极六章

六级：科目二

| 测试方法与要求 |

被测试者站在地面标示线后的测试区内，听到考官口令后，完成太极六章动作。要求被测试者完成整套品势动作，动作规范、用力协调、刚柔并济。

| 动作说明与图示 |

准备式：并步站立，左脚向左侧移动一脚距离成开立步，双手刀经腹部前至胸口后下行握拳至腹前成准备式，整个动作要求匀速，并伴随呼吸的调整。

左下格挡：身体左转90°，左脚上步成左弓步，同时左臂下格挡，右拳收于腰侧。

右前踢+外格挡：右脚前踢。接着右脚向后回收成左三七步，同时左臂中段外格挡，右拳收于腰侧。

右下格挡：以左脚掌为轴，右脚向后移步，身体右转180°，成右弓步，右臂下格挡，左拳收于腰侧。

左前踢+外格挡：左腿前踢。接着左脚向后回收成右三七步，右臂中段外格挡，左拳收于腰侧。

左弓步手刀外格挡：以右脚掌为轴，身体左转90°，移左脚成左弓步，同时右拳变手刀上段斜外格挡，左拳收回腰侧。

右横踢+左外格挡+右直拳：右腿横踢，向前落地，左脚向左移步，身体左转90°成左弓步，同时左臂上段外格挡，拳心朝前，右拳收于腰侧。步形不变，右直拳，左拳收于腰侧。

右前踢+左直拳：右腿前踢，前落成右弓步，左直拳，右拳收于腰侧。

右外格挡+左直拳：以左脚掌为轴，右脚向后移步，身体向右旋转180°，成右弓步，右拳上段外格挡，拳心朝前，左拳收于腰侧。步形不变，左直拳，右拳收于腰侧。

左前踢+右直拳：左腿前踢，前落成左弓步，右直拳，左拳收于腰侧。

分手下格挡：以右脚掌为轴，身体左转90°，同时左脚向后移步成开立步站位，左臂在外，右臂在内。步形不变，两拳同时由上向左右下格挡。

右弓步手刀外格挡：右脚向前上步成右弓步，同时左拳变手刀上段斜外格挡，右拳收于腰侧。

左横踢（发声）+右下格挡：左腿横踢，向前落地同时配合发声，身体向右旋转270°，成右弓步，同时右臂下格挡，左拳收于腰侧。

左前踢+右外格挡：左腿前踢。左脚向后回收成右三七步，右臂中段外格挡，左拳收于腰侧。

左下格挡：以右脚掌为轴，左脚向后移步，身体向左旋转180°，成左弓步，同时左臂下格挡，右拳收于腰侧。

右前踢+左外格挡：右腿前踢。接着右脚向后回收成左三七步，左臂中段外格挡，右拳收于腰侧。

左手刀格挡：以左脚掌为轴，身体左转90°，移右脚成左三七步，同时左拳变手刀中段格挡，右拳变手刀置于胸前，掌心朝上。

右手刀格挡：以右脚为轴，左脚后移步成右三七步，同时右手刀中段格挡，左手刀置于胸前，掌心朝上。

左弓步左手刀中格挡+右直拳：右脚向后移步成左弓步，左手刀中段中格挡，右手刀变拳收于腰侧。步形不变，右直拳，左手刀变拳收于腰侧。

右弓步手刀中格挡+左直拳：左脚后退成右弓步，同时右手刀中段中格挡，左拳收于腰间。步形不变，左直拳，右手刀变拳收于腰侧。

结束式：右脚后撤步与左脚平行成开立步，回到起始位置，还原成准备式。

六级测试

评分方法

考官根据被测试者现场表现进行评分,该科目达到或超过21分为合格。

科目三：20秒双飞踢

| 测试方法与要求 |

六级：科目三

被测试者自行击打电子计数桩以激活，倒计时后开始计数。被击打目标为独立不倒翁式的电子计数桩，桩体黄色部分为被允许击打的部位。被测试者在20秒规定时间内使用双飞踢技术连续击打目标，两脚不可同时着地，踢击准确、有力，符合双飞踢技术标准，由电子计数器根据准确性和力度自动记分。测试高度以被测试者的腰部高度为依据。

| 评分方法 |

考官记录跆拳道中位电子计数桩的计分，并依照表8换算成分数。

表8 双飞踢评分表

分值	次数		分值	次数		分值	次数	
	男	女		男	女		男	女
2	40	36	12	50	46	22	58	54
4	42	38	14	52	48	24	59	55
6	44	40	16	54	50	26	60	56
8	46	42	18	56	52	28	61	57
10	48	44	20	57	53	30	62	58

七级测试

科目一：模拟实战

七级：科目一

测试方法与要求

被测试者站在地面标示线后的测试区内，听到考官口令后，进行2分钟模拟实战。要求被测试者在模拟实战过程中合理使用跆拳道技术和战术。

评分方法

考官根据被测试者现场表现进行评分，实战能力评分细则详见附录2。该科目达到或超过28分为合格。

科目二：太极七章

七级：科目二

| 测试方法与要求 |

被测试者站在地面标示线后的测试区内，听到考官口令后，完成太极七章动作。要求被测试者完成整套品势动作，动作规范、用力协调、刚柔并济。

| 动作说明及图示 |

准备式：并步站立，左脚向左侧移动一脚距离成开立步，双手刀经腹部前至胸口后下行握拳至腹前成准备式，整个动作要求匀速，并伴随呼吸的调整。

右手刀中格挡：身体左转90°，成左虎步，右手刀中段中格挡，左拳收于腰侧。

右前踢+左臂中格挡：右腿前踢，接着右脚回收成左虎步，同时左臂中格挡，右拳收于腰侧。

左手刀中格挡：以左脚为轴，右脚向后移步，身体右旋转180°，成右虎步，同时左拳变手刀中段中格挡，右拳收于腰侧。

左前踢+右臂中格挡：左腿前踢，接着左脚回收成右虎步，同时右臂中格挡，左拳收于腰侧。

左手刀下格挡：以右脚掌为轴，左脚向左侧移步，身体左转90°，成左三七步，同时两拳变手刀，左手刀下格挡，右手刀屈肘置于胸前，掌心朝上。

右三七步手刀下格挡：以左脚掌为轴，右脚向前上步成右三七步，同时右手刀下格挡，左手刀屈肘置于胸前，掌心朝上。

右手刀中格挡：以右脚掌为轴，身体左转90°，移左脚成左虎步，同时右手刀中格挡，左拳置于右臂下，拳心朝下。

左虎步右背拳：左虎步不动，右手刀变拳，经身体左侧由下向上，由后向前成右背拳前击。

左手刀中格挡：以左脚掌为轴，身体向右旋转180°，移右脚成右虎步，同时左手刀中格挡，右拳置于左臂下，拳心朝下。

右虎步左背拳：右虎步不动，左手刀变拳，经身体左侧由下向上，由后向前成左背拳前击。

并步抱拳：以右脚掌为轴，身体直立向左旋转90°，收左脚并步，同时抱拳（形成并步，抱拳起始动作从丹田开始到人中高度，双肘放松下垂）。

左弓步剪刀手格挡：左脚向前上步成左弓步，同时左臂中段外格挡，右臂下格挡，成剪刀手格挡。步形不变，右臂中段外格挡，左臂下格挡，成剪刀手格挡。

右弓步剪刀手格挡：右脚向前上步成右弓步，同时右臂中段外格挡，左臂下格挡，成剪刀手格挡。步形不变，左臂中段外格挡，右臂下格挡，成剪刀手格挡。

左弓步双臂外格挡：以右脚掌为轴，左脚向后移步，身体向左旋转270°，成左弓步，同时两拳自胸前交叉向前做中段外格挡。

右膝击+叉步双仰拳：两手做抓住对方双肩的衣襟用力下压的动作，右腿提膝上顶。右脚向前落地成后交叉步，同时做中段双仰拳击打。

右弓步交叉拳下格挡：左脚后退一步成右弓步，两臂腕部交叉，左臂在上，右侧交叉下格挡。

右弓步双臂外格挡：以左脚掌为轴，右脚向后移步，身体右旋转180°，成右弓步，两拳交叉中段外格挡。

左膝击+叉步双仰拳：两手做抓住对方双肩的衣襟用力向下压的动作，左腿提膝上顶。左脚向前落地成后交叉步，同时做中段双仰拳击打。

弓步交叉下格挡：右脚后退一步成左弓步，两臂腕部交叉，右臂在上，左侧交叉下格挡。

拳外击：以右脚掌为轴，身体左转90°，移左脚成前行步，左背拳外击，右拳收于腰侧。

右内摆腿+掌肘对击：右脚内摆，手掌与脚在头部高度时对击。右脚前落成马步，同时右臂屈肘夹紧，用肘尖顶击，左手掌附于右臂，掌肘对击。

前行步右背拳外击：身体直立，右转90°，左脚跟步成右前行步，同时右背拳外击，左拳收于腰侧。

左内摆腿+掌肘对击：左脚内摆，手掌与脚在头部高度时对击。左脚

前落成马步,同时左臂屈肘夹紧,用肘尖顶击,右手掌附于左臂,掌肘对击。

马步手刀外格挡:两脚不动,左手刀中段外格挡,右拳收于腰侧。

马步冲拳(发声):以左脚掌为轴旋转180°,右脚移步成马步。同时右直拳,并随冲拳配合发声,左拳收于腰侧。

结束式:以右脚掌为轴,身体向左旋转,回到起始位置,还原成准备式。

| 青少年跆拳道运动技能等级标准与测试方法

七级测试

| 评分方法 |

考官根据被测试者现场表现进行评分,该科目达到或超过23分为合格。

科目三：8组组合腿法一（前腿横踢+后腿下劈）

七级：科目三

| 测试方法与要求 |

被测试者站在地面标示线后的测试区内，听到考官口令后，被测试者按指示完成左右交替8组组合腿法的连贯空击。要求技术动作规范、用力协调、动作连贯。

| 动作说明 |

前腿横踢：在左实战式准备动作下，身体重心前移，双脚依次蹬地，身体腾空向前，后脚向前脚并拢，后脚落地同时前腿屈膝提起，大小腿折叠，脚面绷直，迅速踢击目标后，恢复成左实战式。

要点：蹬地、移动、落点、提膝、踢击、收脚整个过程要连贯协调，迅速流畅。支撑脚转动要与身体的转动协调一致，踢击时力达脚背。双臂自然保持防守姿势，目视前方。

后腿下劈：在左实战式准备动作下，身体重心前移，以前腿为支撑腿，后腿经前腿内侧向前向上屈膝提起，随即伸直将后脚摆至头部上方，大腿带动小腿向前下发力，踢击后迅速成右实战式。

要点：前腿屈膝折叠，快速上摆上身随重心前移，目视前方。前腿至头部高度后向下快速释放全部力量，接着恢复实战式。

| 评分方法 |

考官针对8组动作所完成的时间进行计时，依据表9换算成分数。该科目达到或超过22分为合格。

表9 8组组合腿法一(前腿横踢+后腿下劈)评分表

分值	时间(秒)		分值	时间(秒)		分值	时间(秒)	
	男	女		男	女		男	女
2	22	23	12	17	18	22	12	13
4	21	22	14	16	17	24	11	12
6	20	21	16	15	16	26	10	11
8	19	20	18	14	15	28	9	10
10	18	19	20	13	14	30	8	9

八级测试

科目一：实战

│测试方法与要求│ 八级：科目一

被测试者站在地面标示线后的测试区内,听到考官口令后,进行2分钟实战。要求被测试者在实战过程中合理使用跆拳道技术和战术。

│评分方法│

考官根据被测试者现场表现进行评分,实战能力评分细则详见附录2。该科目达到或超过32分为合格。

科目二：太极八章

八级：科目二

| 测试方法与要求 |

被测试者站在地面标示线后的测试区内，听到考官口令后，完成太极八章动作。要求被测试者完成整套品势动作，动作规范、用力协调、刚柔并济。

| 动作说明及图示 |

准备式：并步站立，左脚向左侧移动一脚距离成开立步，双手刀经腹部前至胸口后下行握拳至腹前成准备式，整个动作要求匀速，并伴随呼吸的调整。

三七步左外格挡：左脚上步成左三七步，同时左臂中段外格挡，右拳置于胸前。

左弓步右直拳：身体重心前移，左脚向前移步成左弓步，同时右直拳，左拳收于腰侧。

腾空二段前踢（发声）+左弓步中格挡+右左直拳：右腿前踢，身体腾空时两腿交换，左腿踢击过头并配合发声。左脚前落成左弓步，左臂中格挡，右拳收于腰侧。步形不变，右直拳，左拳回收于腰侧。步形不变，左直拳，右拳收于腰侧。

右弓步直拳：右脚向前上步成右弓步，同时右直拳，左拳收于腰侧。

右外山势格挡：以右脚掌为轴，身体向左后转270°，左脚落步成右弓步，右臂上段外格挡，腕部与耳部同高，左臂下格挡，与髋同高。

左弓步+右勾拳：以右脚掌为轴，身体左转90°，重心前移成左弓步，同时右勾拳，左臂屈肘，左拳置于右肩前。

左外山势格挡：左脚向右脚右侧移步成前交叉步，同时右拳放在左肩部，拳心向脸部，左拳放在右髋部，拳心向上。右脚向右上步成左弓步，同时左臂上段外格挡，腕部与耳部同高，右臂下格挡，与髋同高。

青少年跆拳道运动技能等级标准与测试方法

右弓步+左勾拳：以左脚掌为轴，身体右转90°，成右弓步，同时左勾拳，右拳屈臂横置于左肩前。

三七步手刀中段外格挡：以左脚掌为轴，身体向左后转270°，移右脚，左脚在前成左三七步，同时左手刀中段外格挡，右手刀置于胸前，掌心朝上。

左弓步直拳：左脚向前移步成左弓步，同时右直拳，左拳收于腰侧。

右前踢+虎步手刀中格挡：右腿前踢，右脚回收左脚后移一步成右虎步，同时右手刀做中段中格挡，左拳收于腰侧。

左虎步手刀外格挡：以右脚掌为轴，身体左转90°，左脚移步成左虎步，同时左手刀中段外格挡，右手刀置于胸前，掌心朝上。

左前踢+弓步直拳：左腿前踢，前落成左弓步，右直拳，左拳收于腰侧。

左虎步手刀中格挡：左脚回收成左虎步，同时左手刀中段中格挡，右拳收于腰侧。

右虎步手刀外格挡：以左脚掌为轴，身体向右旋转180°，成右虎步，右手刀中段外格挡，左手刀置于胸前，掌心朝上。

右前踢+弓步直拳：右腿前踢，前落成右弓步，同时左直拳，右拳收于腰侧。

右虎步手刀中格挡：右脚回收成右虎步，同时右手刀中段中格挡，左拳收于腰侧。

右三七步下格挡：以左脚掌为轴，右脚向右移步，身体右转90°，成右三七步，右拳下格挡，左拳置于胸口，拳心向上。

左前踢+右跳前踢(发声)+右弓步中格挡+左右直拳：左腿前踢。接着左腿收回，同时原地腾空，右腿前踢并配合发声。右脚前落成右弓步，右臂中格挡，左拳收于腰侧。步形不变，左直拳接右直拳连续击打。

三七步手刀外格挡：以右脚掌为轴，身体向左旋转270°，左脚向左移步成左三七步，同时左拳变手刀做中段外格挡，右拳收于腰侧。

左弓步肘击：左脚向前移步，右脚向内侧旋转半脚成左弓步，右肘内击，左手刀变拳收于腰侧。

右背拳：左弓步不动，右背拳前击。

左直拳：步形不变，左直拳击打。

右三七步手刀外格挡：以左脚掌为轴，身体右后转180°，移右脚成右三七步，右手刀中段外格挡，左拳收于腰侧。

右弓步肘击：右脚向前移步，左脚向内侧旋转半脚成右弓步，同时左肘内击，右手刀变拳收于腰侧。

左背拳：步形不变，左背拳前击。

右直拳：步形不变，右直拳击打。

结束式：以左脚掌为轴旋转，右脚回收，回到起始位置，还原成准备式。

 青少年跆拳道运动技能等级标准与测试方法

八级测试

评分方法
考官根据被测试者现场表现进行评分,该科目达到或超过23分为合格。

科目三：8组组合腿法二（前腿横踢+反击双飞+后旋踢）

| 测试方法与要求 |

八级：科目三

被测试者站在地面标示线后的测试区内，听到考官口令后，被测试者按指示完成左右交替8组组合腿法的连贯空击。要求技术动作规范、用力协调、动作连贯。

| 动作说明 |

前腿横踢：在左实战式准备动作下，身体重心前移，双脚依次蹬地，身体腾空向前，后脚向前脚并拢，后脚落地同时前腿屈膝提起，大小腿折叠，脚面绷直迅速踢击目标后，恢复成左实战式。

要点：蹬地、移动、落点、提膝、踢击、收脚整个过程要连贯协调，迅速流畅。支撑脚转动要与身体的转动协调一致，踢击时力达脚背。双臂自然保持防守姿势，目视前方。

反击双飞：在左实战式准备动作下，前脚蹬地，后脚向后滑动约一脚长距离后前脚随即向后滑动同样距离。身体重心后移，后腿向前横踢，紧接着前脚蹬地跳起，后腿屈膝下落，前腿在空中完成横踢，随即脚落地，前腿收回落地，恢复成左实战式。

要点：后脚后滑与前脚后移要贴地而行，两脚的移动距离相同。两脚移动必须连贯、迅速，后滑距离要适宜，保持重心平稳。双飞踢起跳不宜过高，通过蹬地腰部快速转动，带动两腿迅速完成两次横踢。眼睛注视目标，两臂协调配合，上体可适当倾斜。

后旋踢：在左实战式准备动作下，后脚蹬地重心前倾，以前腿前脚掌为轴上身旋转，余光看向目标，后腿迅速屈膝靠近支撑腿，余光看到目标后斜向30°~45°方向踢出，利用腰部力量使小腿迅速水平摆动，上述动作完毕后迅速收回，成左实战式。

要点：转头带动身体沿纵轴转动，用余光注视目标。蹬地、转身、摆腿、踢击要协调连贯，快速完成，腰部带动大腿，大腿带动小腿，使右腿踢击目标时形成水平方向的鞭打力。摆腿发力后迅速收回落地，成实战姿势。

| 评分方法 |

考核针对8组动作所完成的时间进行计时，依据表10换算成分数。该科目达到或超过22分为合格。

表10 8组组合腿法二（前腿横踢+反击双飞+后旋踢）

分值	时间（秒）		分值	时间（秒）		分值	时间（秒）	
	男	女		男	女		男	女
2	36	37	12	31	32	22	26	27
4	35	36	14	30	31	24	25	26
6	34	35	16	29	30	26	24	25
8	33	34	18	28	29	28	23	24
10	32	33	20	27	28	30	22	23

九级测试

科目一：实战

测试方法与要求

九级：科目一

被测试者站在地面标示线后的测试区内，听到考官口令后，进行 2 分钟实战。要求被测试者在实战过程中合理使用跆拳道技术和战术。

评分方法

考官根据被测试者现场表现进行评分，实战能力评分细则见附录 2。该科目达到或超过 32 分为合格。

科目二：高丽

九级：科目二

| 测试方法与要求 |

被测试者站在地面标示线后的测试区内，听到考官口令后，完成高丽动作。要求被测试者完成整套品势动作，动作规范、用力协调、刚柔并济。

| 动作说明及图示 |

准备式：在起始位置并步姿势站立，左脚向左侧迈出，形成开立步，双手刀由腹前经胸前抬至面部，两掌心相对。

左三七步手刀外格挡：身体左转，成左三七步，同时左手刀中段外格挡，右手刀置于胸口高度。

右腿两次侧踢+手刀外击：右腿第一次侧踢至膝关节高度，第二次侧踢至头部高度，两次侧踢要连续踢出。右腿侧踢前落成右弓步，同时右手刀由左肩向右侧外击，左拳收于腰侧。

右弓步直拳：步形不变，左直拳，右拳收于腰侧。

右三七步中格挡：右脚回收成右三七步，同时右臂中段外格挡，左拳收于腰侧。

右三七步手刀外格挡：身体向右后方转动，成右三七步，同时右手刀中段外格挡，左手刀置于胸口高度。

左腿两次侧踢+手刀外击：左腿第一次侧踢至膝关节高度，第二次侧踢至头部高度，两次侧踢要连续踢出。左腿侧踢后前落成左弓步，同时左手刀由右肩向左侧外击，右拳收于腰侧。

左弓步直拳：步形不变，右直拳，左拳收于腰侧。

左三七步中格挡：左脚回收成左三七步，同时左臂中格挡，右拳收于腰侧。

左弓步手刀下格挡+虎口前击：身体左转，成左弓步，同时左手刀下格挡，右拳收于腰侧。步形不变，右手向前上方颈部高度做虎口前击，左拳收于腰侧。

右前踢+手刀下格挡+虎口前击：右腿前踢，右拳、左拳前后放置于胸前。右脚前落成右弓步，同时右手刀下格挡，左拳收于腰侧。步形不变，左手向前上方颈部高度做虎口前击，右拳收于腰侧。

左前踢+手刀下格挡+虎口前击（发声）：左腿前踢，左拳、右拳前后放置于胸前。左脚前落成左弓步，同时左手刀下格挡，右拳收于腰侧。步形不变，右手向前上方颈部高度做虎口前击，配合发声"哈"。

右前踢+虎口下击：右腿前踢，右拳、左拳前后放置于胸前。右脚前落成右弓步，同时左手刀下击，右手掌心朝上放置于左肘关节下方两拳距离处。

右弓步双臂外格挡：左脚向前迈出，转身落脚成右弓步，同时两手握拳，左前臂与右前臂胸前交叉，拳心朝外，向两侧做中段外格挡，两手臂与肩同宽，拳与肩同高，两拳心朝内。

左前踢+虎口下击：左腿前踢，左拳、右拳前后放置于胸前。左脚前落成左弓步，同时右手刀下击，左手掌心朝上放置于右肘关节下方两拳距离处。

左前行步双臂外格挡：收左脚成左前行步，同时两手握拳，右前臂与左前臂胸前交叉，拳心朝外，向两侧做中段外格挡，两手臂与肩同宽，两拳心朝内。

马步手刀外格挡：身体向右后方转动，成马步，同时左手刀中段外格挡，右拳收于腰侧。

拳掌对击：步形不变，右拳向左掌方向经胸前拳心向下直线击出，形成拳掌对击于胸口高度。

右交叉步左侧踢+弓步手刀下刺：保持拳掌对击，右脚经左脚向前落下，成右交叉步，手部位置不变。左腿侧踢，左右拳放置于右腰侧。左腿侧踢完成收腿，同时左臂弯曲，左手掌心向下放置于左肩下方一拳高度处，右臂自然伸直，掌心向下位于腰部高度。左脚下落成右弓步，同时左手刀向下刺击，右手掌心朝上，放置于左肩前上方。

右前行步下格挡：右脚回收成右前行步，同时右臂下格挡，左拳收于腰侧。

左前行步压掌+右肘侧击：左脚向前迈出成左前行步，同时左手刀体前下压，右拳收于腰侧。身体左转右脚向前成马步，同时右肘侧击，左掌与右拳合于右肩侧。

马步手刀外格挡：步形不变，右手刀中段外格挡，左拳收于腰侧。

拳掌对击：步形不变，左拳拳心向下，向右掌方向经胸前直线击出，形成拳掌对击。

左交叉步右侧踢+弓步手刀下刺：保持拳掌对击，左脚经右脚向前落下，成左交叉步，手部位置不变。右腿侧踢，左右拳放置于左腰侧。右脚侧踢后完成收腿，同时左臂弯曲，右手掌心向下放置于左肩下方一拳高度处，左臂自然伸直，掌心向下位于腰部高度。右脚下落成左弓步，同时右手刀向下刺击，右手掌心朝上，左手刀掌心朝上，放置于右肩上方。

左前行步下格挡：左脚回收成左前行步，同时左臂下格挡，右拳收于腰侧。

右前行步压掌+左肘侧击：右脚向前迈出成右前行步，同时右手刀体前下压，左拳收于腰侧。身体右转左脚向前成马步，同时左肘侧击，右掌与左拳合于左肩侧。

并步拳掌对击：右脚向左脚靠拢成并步，同时左右手上举至头上方，两手掌相叠，掌心朝前。两手掌分别向身体两侧分开至与肩同高时，左手握拳，两手继续向下合于小腹前，形成拳掌对击。

左弓步手刀外击+手刀下格挡：身体向左后方转动成左弓步，同时左手刀外击，掌心朝下至颈部高度，右拳收于腰侧。步形不变，左手刀下格挡，右拳收于腰侧。

右弓步手刀内击+手刀下格挡：右脚向前成右弓步，同时右手刀掌心朝内击，至颈部高度，左拳收于腰侧。步形不变，右手刀下格挡，左拳收于腰侧。

左弓步手刀内击+手刀下格挡：左脚向前成左弓步，同时左手刀掌心朝上内击，至颈部高度，右拳收于腰侧。步形不变，左手刀下格挡，右拳收于腰侧。

右弓步虎口前击（发声）：右脚向前成右弓步，同时右手向前上方颈部高度做虎口前击，配合发声"哈"，左拳收于腰侧。

收势：身体向左后方转动，还原至起始位置，成开立步手刀起势。

青少年跆拳道运动技能等级标准与测试方法

九级测试

| 青少年跆拳道运动技能等级标准与测试方法

九级测试

│ 评分方法 │

考官根据被测试者现场表现进行评分,该科目达到或超过24分为合格。

科目三：8组组合腿法三（前腿横踢+迎击后踢+后滑步横踢+迎击下劈）

九级：科目三

| 测试方法与要求 |

被测试者站在地面标示线后的测试区内，听到考官口令后，被测试者按指示完成左右交替8组组合腿法的连贯空击演示。要求技术动作规范、用力协调、动作连贯。

| 动作说明 |

前腿横踢：在左实战式准备动作下，身体重心前移，双脚依次蹬地，身体腾空向前，后脚向前脚并拢，后脚落地同时前腿屈膝提起，大小腿折叠，脚面绷直迅速踢击目标后，恢复成左实战式。

动作要点：蹬地、移动、落点、提膝、踢击、收脚整个过程要连贯协调迅速流畅。支撑脚转动要与身体的转动协调一致，踢击时力达脚背。双臂自然保持防守姿势，目视前方。

迎击后踢：在左实战式准备动作下，重心前移同时以前腿前脚掌为轴内扣，头部与身体向左后转约90°，后腿沿支撑腿内侧折叠，腾空勾脚向后直线踢出，随即落地后迅速收回，换脚落地成右实战式。

要点：旋转动作要连贯，抓准迎击的时机。前腿脚跟对准目标方向，沿纵轴快速转体，及时制动，余光目视目标。发力时含胸收腹，两臂收拢。收腿、折叠、踢击要锁定目标，重心随踢击方向直线移动。整个动作要快速连贯、力达脚掌。

后滑步横踢：在右实战式准备下，前脚蹬地，后脚向后滑动约一脚长距离后着地，前脚随即向后滑动同样距离，后脚蹬地，身体重心前移，上身以前脚脚掌为轴旋转，同时后腿屈膝提起，大小腿折叠，脚面绷直水平踢击后迅速收回，成左实战式。

要点：后脚后滑与前脚后移要贴地而行，两脚的移动距离相同。两脚移动必须连贯、迅速，后滑步距离要适宜，保持重心平稳。蹬地、转体、提膝、踢击、收脚整个过程要连贯协调，快速顺畅。支撑脚转动要与身体的转动协调一致，踢击时力达脚背，双臂协调配合，眼睛注视目标。

迎击下劈：在左实战式准备动作下，后腿经支撑腿内侧向前向上屈膝，迅速提起至头部上方，大腿带动小腿向前下方踢击后，迅速恢复成左实战式。

要点：前腿屈膝折叠快速上摆，上身随重心前移，目视前方。前腿至头部高度向下快速释放全部力量后恢复实战式。动作过程要求全身协调用力，抓准迎击时机，反应迅速灵敏。

| 评分方法 |

考官针对8组动作所完成的时间进行计时，依据表11换算成分数。该科目达到或超过24分为合格。

表11 8组组合腿法三（前腿横踢+迎击后踢+后滑步横踢+迎击下劈）评分表

分值	时间（秒）		分值	时间（秒）		分值	时间（秒）	
	男	女		男	女		男	女
2	40	42	12	35	37	22	30	32
4	39	41	14	34	36	24	29	31
6	38	40	16	33	35	26	28	30
8	37	39	18	32	34	28	27	29
10	36	38	20	31	33	30	26	28

附录

附录1：跆拳道品势技术考核评分细则

总分与分值

该科目总分30分，准确度的基本分值12分，表现力的基本分值18分。

准确度扣分事项

- 对于比赛中出现的轻微失误，每次扣0.5分

（1）使用部位的表现不足。
（2）出现碎步。
（3）步法不足或过度。
（4）踢腿时支撑腿弯曲，支撑脚方向表现不足或过度。
（5）为保持平衡或提高踢腿高度，侧踢时手辅助支撑。
（6）步法的移动没有以前脚掌为轴点旋转。
（7）常规踢击技术，手部动作不在腰以上的身体范围内（拳腿同击等特殊踢击动作除外）。
（8）拳腿同击时，手臂和攻击腿应为平行展现。
（9）步法移动中，手臂交叉动作移动脚的同侧手不在外肘时（特殊动作除外）。
（10）拳掌对击或掌肘对击时，没有以掌心为击打点，掌指没有伸直，或是击打目标时，出现脱手动作。
（11）冲拳时，动作线路不是直线击打，而是明确的抛甩式抛拳。
（12）鹤立步提起腿的脚部动作自然放松（勾起或绷直被扣分）。
（13）明确地被确认为轻微失误。

- 对于比赛中出现的重大失误，每次扣1分

（1）做出规定的竞赛品势中没有的或错误的动作。
（2）视线与动作行进方向不一致。

（3）比赛当中动作停顿3秒及以上。
（4）回原点重新开始测试。
（5）打品势时有过大的呼吸声。
（6）忘记发声或不该发声时发声。
（7）起始点与结束点距离超过一脚半径的情况。
（8）踩地的动作中没有足够的力量和声音。
（9）5秒和8秒的慢动作时间不足或过长。
（10）步法上产生明显的位移情况。
（11）忘记做出规定动作。
（12）被确认为重大失误。

附录2：跆拳道实战能力评分细则

等级（分值范围）	评分细则
优（35～40分）	• 礼仪规范,精神状态好,勇猛顽强 • 进攻积极主动,防守动作到位,反击快速、及时,击打目标准确、有力度,技术正确、熟练、协调和规范,临场应变能力强 • 进攻、防守、反击意识明确,战术运动恰当 • 高难度技术使用得当
良（30～34分）	• 礼仪较规范,精神状态好 • 进攻较积极主动,防守动作到位,击打目标较准确且有一定力度,技术较正确、熟练、协调和规范,临场应变能力较强 • 进攻、防守、反击意识较明确,战术运用较恰当 • 高难度技术使用较得当
中（25～29分）	• 礼仪基本规范 • 有主动进攻,防守或反击动作基本到位,击打目标基本准确但力度小,技术基本正确和协调,临场应变能力一般 • 战术运用基本恰当
差（24分及以下）	• 礼仪不规范 • 进攻不积极主动,防守消极,反击动作不到位,击打目标不准确且无力,技术不正确,临场无应变能力 • 战术运用不恰当。

注：考评组提供头盔、护胸。考生必须穿符合考试要求的跆拳道服进行考试。考生必须自备护裆、护齿、护臂、护腿、手套,否则不得参加考试。